AF220074

Impressum
Verlag: BABADADA GmbH, Nedderfeld 112 , 22529 Hamburg
Geschäftsführer / Verlagsleitung: Harald Hof
Druck: Books on Demand GmbH, In de Tarpen 42, 22848 Norderstedt

Imprint
Publisher: BABADADA GmbH, Nedderfeld 112 , 22529 Hamburg, Germany
Managing Director / Publishing direction: Harald Hof
Print: Books on Demand GmbH, In de Tarpen 42, 22848 Norderstedt

shule

اسکول

kugawanya
تقسیم کریں
186/2
ubao
بورڈ
sajili
کمرہ جماعت
سکول کا صحن
mwalimu
أستاد
karatasi
کاغذ
kuandika
لکھنا
kalamu
قلم
dawati
میز
rula
پیمانہ
kitabu
کتاب
mwanafunzi
شاگرد

mkoba

بستہ

kikasha cha penseli

پینسل کیس

penseli

پینسل

kichonga penseli

پینسل شارپنر

mpira

ربڑ

pedi ya kuchora

ڈرائنگ پیڈ

2

uchoraji

ڈرائنگ

brashi ya rangi

پینٹ برش

sanduku la rangi

پینٹ باکس

mkasi

قینچی

gundi

گوند

daftari

مشق کی کاپی

kazi ya nyumbani

ہوم ورک

nambari

ہندسہ

jumlisha

جمع کریں

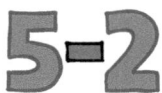

ondoa

منفی کریں

zidisha

ضرب دیں

kokotoa

شمارکریں

barua

خط

alfabeti

حروف تہجی

neno

لفظ

maandishi

متن

kusoma

پڑھنا

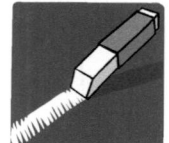

chaki

چاک

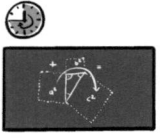

somo

سبق

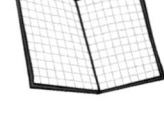

sajili

اندراج

uchunguzi

امتحان

cheti

سند

sare za shule

سکول یونیفارم

elimu

تعلیم

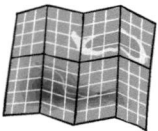

elezo

انسائیکلوپیڈیا

chuo kikuu

یونیورسٹی

darubini

خورد بین

ramani

نقشہ

kikapu cha kuweka karatasi chafu

ویسٹ پیپر باسکٹ

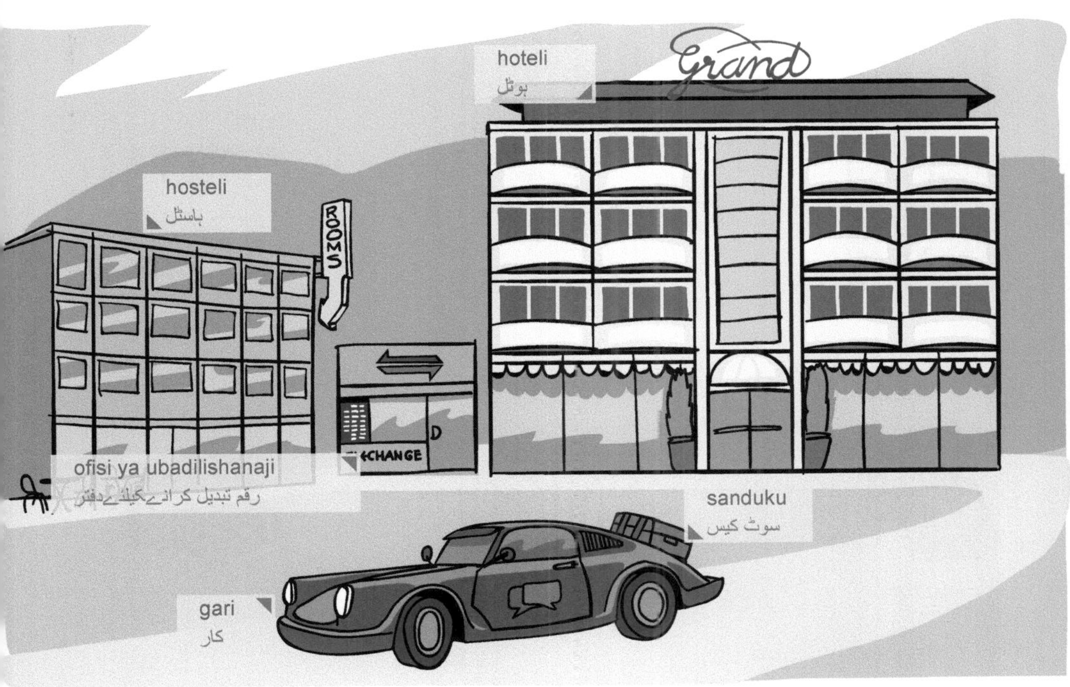

hoteli
ہوٹل
Grand
hosteli
ہاسٹل
ROOMS
ofisi ya ubadilishanaji
رقم تبدیل کرانے کیلئے دفتر
sanduku
سوٹ کیس
gari
کار

lugha

زبان

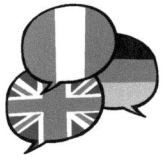

ndiyo / la

ہاں / نہیں

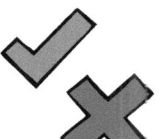

sawa

ٹھیک ہے

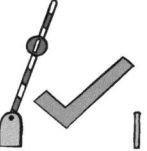

hujambo

ہیلو

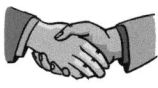

mtafsiri

مُترجم

Asante

شُکریہ

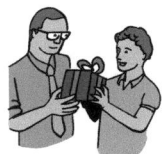

kiasi gani ni ...?

‫؟ـــ کی کیا قیمت ہے‬

Sielewi

‫میں نہیں سمجھتا‬

tatizo

‫مشکل‬

Jioni njema!

‫شام بخیر!‬

Habari za asubuhi!

‫صبح بخیر!‬

Usiku mwema!

‫شب بخیر!‬

kwa heri

‫الوداع‬

mwelekeo

‫سمت‬

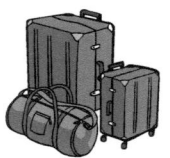

mizigo

‫سفری سامان‬

mfuko

‫بیگ‬

shanta

‫بیگ پیک‬

mgeni

‫مہمان‬

chumba

‫کمرہ‬

begi la kulalia

‫سلیپنگ بیگ‬

hema

‫ٹینٹ‬

taarifa ya utalii

سیاحوں کے لئے معلومات

ufuo

ساحل

kadi

کریڈٹ کارڈ

kifunguakinywa

ناشتہ

chakula cha mchana

لنچ

chakula cha jioni

ڈنر

tiketi

ٹکٹ

kuinua

لفٹ

muhuri

مُہر

mpaka

سرحد

mila

کسٹمز

ubalozi

سفارت خانہ

visa

ویزا

pasipoti

پاسپورٹ

usafiri

نقل وحمل

ndege
ہوائی جہاز
meli
سمندری جہاز
injini ya moto
آگ بُجھانےوالی گاڑی
lori
ٹرک
basi
بس
motaboti
موٹربوٹ
baiskeli
سائیکل
gari
کار

feri

فیری

mashua

کشتی

pikipiki

موٹرسائیکل

gari la polisi

پولیس کار

gari la mashindano

ریسنگ کار

gari la kukodisha

کرایہ پرکار

kushiriki gari

کارکا اشتراک کرنا

lori la kuvuta

کھینچنےوالا ٹرک

ukusanyaji taka

کوڑے والا ٹرک

motor

کار

mafuta

ایندھن

kituo cha mafuta

پٹرول اسٹیشن

ishara trafiki

ٹریفک کےنشانات

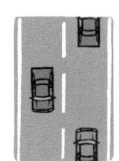

trafiki

ٹریفک

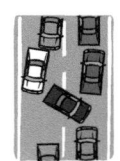

msongamano

ٹریفک جام

maegesho

کارپارک

kituo cha treni

ٹرین اسٹیشن

reli

پٹڑیاں

garimoshi

ٹرین

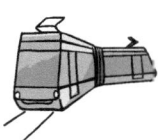

tremu

ٹرام

gari la mizigo

ویگن

helikopta

ہیلی کاپٹر

uwanja wa ndege

ائرپورٹ

mnara

ٹاور

abiria

مسافر

chombo

کنٹینر

katoni

ڈبہ

mkokoteni

ریڑھا

kikapu

ٹوکری

ondoka

اُڑان بھرنا / زمین پراُترنا

jiji

شہر

kijiji

گاؤں

katikati ya jiji

سٹی سنٹر

nyumba

مکان

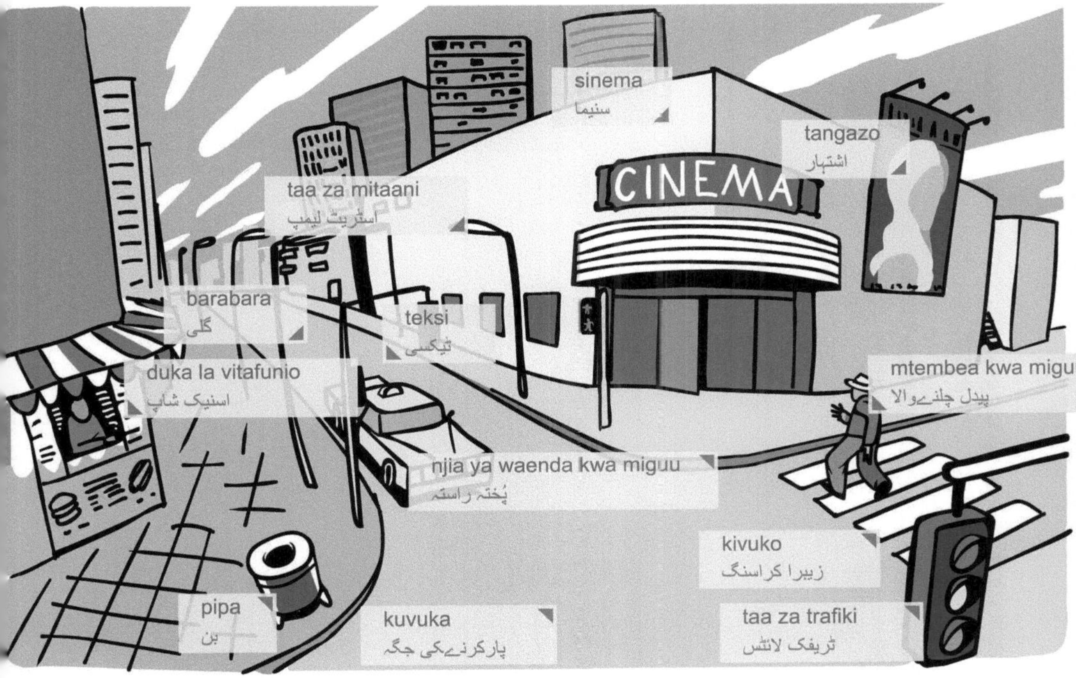

sinema
سنیما
tangazo
اشتہار
CINEMA
taa za mitaani
اسٹریٹ لیمپ
barabara
گلی
teksi
ٹیکسی
duka la vitafunio
اسنیک شاپ
mtembea kwa migu
پیدل چلنے والا
njia ya waenda kwa miguu
پُختہ راستہ
kivuko
زیبرا کراسنگ
pipa
بن
kuvuka
پارکرنے کی جگہ
taa za trafiki
ٹریفک لائٹس

kibanda

ہٹ

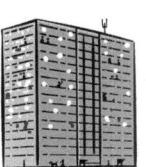

gorofa

فلیٹ

kituo cha treni

ٹرین اسٹیشن

ukumbi wa mji

ٹاؤن ہال

Makavazi

عجائب گھر

shule

اسکول

chuo kikuu

یونیورسٹی

benki

بینک

hospitali

ہسپتال

hoteli

ہوٹل

duka la dawa

فارمیسی

ofisi

دفتر

duka la kitabu

کتابوں کی دکان

duka

دکان

duka la maua

پھولوں کی دُکان

dukakuu

سُپرمارکیٹ

soko

مارکیٹ

idara ya kuhifadhi

ڈیپارٹمنٹ سٹور

mwuza samaki

مچھلی کی دُکان

kituo cha ununuzi

شاپنگ سنٹر

bandari

بندرگاہ

Hifadhi
....
پارک

benki
....
بنچ

daraja
....
پُل

vidato
....
سیڑھیاں

chini ya ardhi
....
انڈرگراؤنڈ

handaki
....
سرُنگ

kituo cha mabasi
....
بس اسٹاپ

bar
....
شراب خانہ

mgahawa
....
ریسٹورنٹ

sanduku la posta
....
پوسٹ باکس

ishara ya barabara
....
اسٹریٹ سائن

mita ya maegesho
....
پارکنگ میٹر

bustani ya wanyama
....
چڑیا گھر

kidimbwi cha kuogelea
....
سوئمنگ پول

msikiti
....
مسجد

shamba

کھیت

uchafuzi

آلودگی

makaburini

قبرستان

kanisa

چرچ

uwanja wa michezo

کھیل کا میدان

hekalu

مندر

mazingira

منظر

jani
پتہ
ishara ya mwelekeo
رہنمائی کے لئے لگا ہوا بورڈ
njia
راستہ
malisho
سبزہ زار
jiwe
پتھر
mtembeaji wa masafa
پیدل چلنے والا، ہائکر
mti
درخت
mto
دریا
nyasi
گھاس
ua
پھول

bonde

وادی

kilima

پہاڑی

ziwa

جھیل

msitu

جنگل

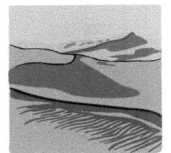

jangwa

صحرا

volkano

آتش فشاں

ngome

قلعہ

upinde wa mvua

قوس قزح

uyoga

کھمبی

mtende

کجھورکا درخت

mbu

مچھر

kuruka

مکھی

chungu

چیونٹی

nyuki

مکھی

buibui

مکڑا

mende

بھونرا

chura

مینڈک

kuchakuro

گلہری

nungunungu

خارپُشت

sungura

خرگوش

bundi

اُلو

ndege

پرندہ

swan

راج ہنس

nguruwe mwitu

سؤر

kulungu

ہرن

aina ya kongoni

امریکی بارہ سنگھا

bwawa

ڈیم

tabo ya upepo

ہوا سے چلنے والی ٹربائین

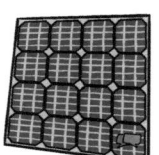

nishaji ya jua

سولرپینل

hali ya hewa

آب وہوا

mgahawa

ریسٹورنٹ

mhudumu
ویٹر
menyu
مینیو
kiti
کرسی
supu
سوپ
piza
پیزا
vilia
کٹلری
kitambaa cha mezani
ٹیبل کلاتھ

kiamsha hamu

استارٹر

kozi kuu

مین کورس

kitindamlo

ڈیزرٹ

vinywaji

مشروبات

chakula

کھانے کی اشیاء

chupa

بوتل

chakula cha haraka

....

فاسٹ فوڈ

Streetfood

....

اسٹریٹ فوڈ

buli

....

چائےدانی

kisanduku cha sukari

....

شوگرباکس

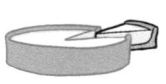

sehemu

....

حصہ

mashine ya espresso

....

ایسپریسو مشین

kiti kirefu

....

اونچی کرسی

muswada

....

بل

trei

....

ٹرے

kisu

....

چھُری

uma

....

کانٹا

kijiko

....

چمچ

kijiko cha chai

....

چائےکا چمچ

nepi

....

سرویئیٹی

glasi

....

شیشہ

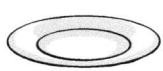

sahani

پلیٹ

sahani ya supu

سوپ پلیٹ

sufuria

طشتری

mchuzi

چٹنی

kichanyaji chumvi

سالٹ شیکر

kinu cha pilipili

پیپرمل

siki

سرکہ

mafuta

خوردنی تیل

viungo

مصالحے

kechapu

کیچپ

haradali

سرسوں

kachumbari nzito

میئونیز

dukakuu
سُپرمارکیٹ

ofa maalum
خصوصی پیشکش
mteja
گاہک
maziwa
ڈیری
matunda
پھل
toroli
ٹرالی

mchinjaji
گوشت کی دُکان

mwokaji
بیکری

uzito
وزن کرنا

mboga
سبزیاں

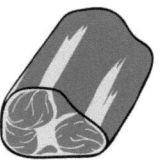

nyama
گوشت

chakula waliohifadhiwa
جما ہوا کھانا

vipande vya nyama baridi

کولڈ کٹس

chakula cha kopo

ڈبےمیں بند کھانا

sabuni ya unga

واشنگ پاؤڈر

pipi

مٹھائیاں

bidhaa za kaya

گھریلو مصنوعات

bidhaa za kusafisha

صاف کرنےکیلئےمصنوعات

mtu mauzo

سیلزپرسن

mpaka

کیش رجسٹر

keshia

کیشئیر

orodha ya manunuzi

خریداری کی فہرست

masaa ya ufunguzi

اوقات کار

mkoba

بٹوہ

kadi

کریڈٹ کارڈ

mfuko

تھیلا

mfuko wa plastiki

پلاسٹک کےتھیلے

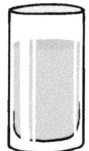

vinywaji
مشروبات

maji

پانی

sharubati

جوس، رس

maziwa

دودھ

coke

کوک

mvinyo

وائن

bia

بیئر

pombe

الکوحل

kakao

کوکوآ

chai

چائے

kahawa

کافی

spreso

ایسپریسو

kapuchino

کیپاچینو

ndizi

کیلا

tufaha

سیب

machungwa

مالٹا

tikiti

خربوزه

lemon

لیموں

karoti

گاجر

kitunguu saumu

لہسن

mianzi

بانس

kitunguu

پیاز

uyoga

کھُمبی

karanga

اخروٹ، بادام وغیرہ

nudo

نوڈلز

spageti

اسپیگیٹی

mpunga

چاول

saladi

سلاد

vibanzi

چپس

viazi vya kukaanga

تلے گئے آلو

piza

پیزا

hambaga

ہیم برگر

sandwichi

سینڈوچ

kipande

کٹلیٹ

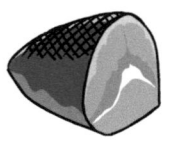

paja la mnyama

سؤرکی ران کا گوشت

salami

گوشت کی اطالوی ساسیج

soseji

ساسیج

kuku

مُرغی

choma

روسٹ

samaki

مچھلی

oats ya uji

جئی کا دلیہ

muesli

میوزلی

cornflakes

کارن فلیکس

unga

آٹا

kroisanti

کروئیسنٹ

andazi

بریڈ رول

mkate

بریڈ

mkate wa kubanika

ٹوسٹ

biskuti

بسکٹ

siagi

مکھن

maziwa mgando

دہی

keki

کیک

yai

انڈا

yai kukaanga

فرائی کیا گیا انڈہ

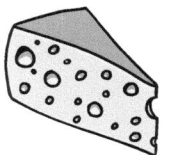

jibini

پنیر

aiskrimu

آئس کریم

sukari

چینی

asali

شہد

jemu

جام

kuenea kwa chokoleti

ناؤگٹ کریم

mchuzi wa viungo

سالن

shamba

کھیت

nyumba ya kilimo
فارم ہاؤس
ghalani
کھلیان
majani bale
تنکوں کی گانٹھ
uwanja
farasi
گھوڑا
trela
ٹریلر
trekta
ٹریکٹر
mtoto
گھوڑے کا بچہ
punda
گدھا
kondoo
بھیڑ
mwanakondoo
میمنہ

mbuzi

بکری

ng'ombe

گائے

ndama

بچھڑا

nguruwe

سؤر

mwananguruwe

سؤر کا بچہ

fahali

سانڈ

batabukini

راج ہنس

bata

بطخ

kifaranga

چوزہ

kuku

مُرغی

jogoo

مُرغا

panya

چوہا

paka

بلی

panya

چوہا

ng'ombe

بیلچہ

mbwa

کُتا

nyumba ya mbwa

کُتے کا گھر

bomba la bustani

گارڈن ہاؤس

debe la kumwagilia maji

پانی کا کین

fyekeo

درانتی

kulima

ہل

28 shamba - کھیت

mundu

درانتی

jembe

بیلچہ

uma wa nyasi

ترنگل

shoka

کلہاڑا

toroli

ہتہ گاڑی

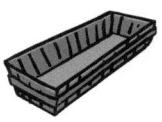

kupitia nyimbo

حوض

chombo cha maziwa

دودھ کا کین

gunia

تھیلا

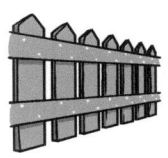

ua

باڑ

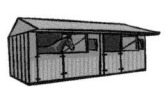

imara

اصطبل

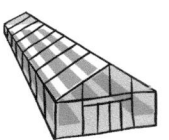

chafu

گرین ہاؤس

udongo

مٹی

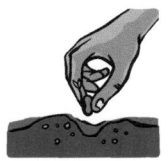

mbegu

بیج

mbolea

فرٹیلائیزر

kivunaji

کمبائن ہارویسٹر

mavuno

فصل کاٹنا

mavuno

فصل کاٹنا

viazi vikuu

افریقی آلو

ngano

گندم

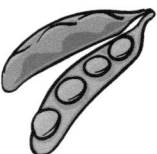

soya

سویا

viazi

آلو

mahindi

مکئی

rapa

توریا کا تیل

mti wa matunda

پھلداردرخت

muhogo

کساوا

nafaka

دلیہ

nyumba
مکان

chimni
چمنی
paa
چھت
bomba la maji ya mvua
نیچے جانے والا پائپ
dirisha
کھڑکی
gareji
گیراج
kengele ya mlangoni
دروازے کی گھنٹی
mlango
دروازہ
pipa la taka
کوڑے کی ٹوکری
sanduku la barua
لیٹرباکس
bustani
گارڈن

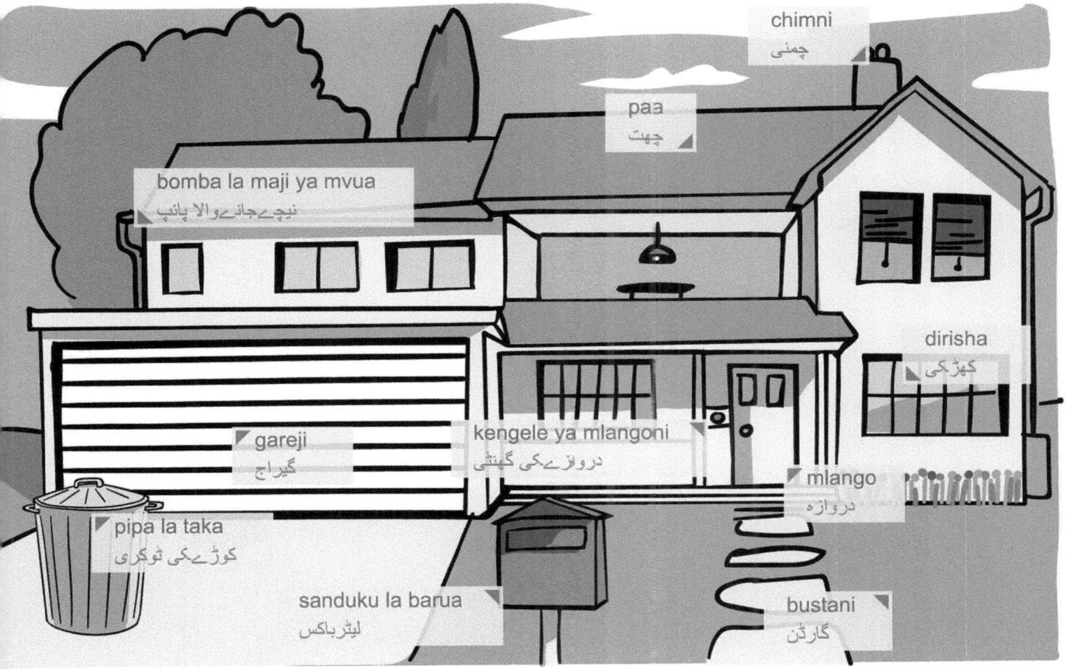

sebuleni

لوونگ روم

bafu

غُسل خانہ

jikoni

باورچی خانہ

chumba cha kulala

بیڈروم

chumba ya mtoto

بچوں کا کمرہ

chumba cha kulia

کھانے کا کمرہ

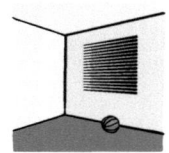

sakafu

فرش

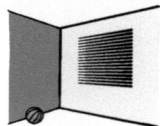

ukuta

دیوار

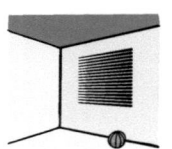

dari

چھت

pishi

تہ خانہ

sauna

سوانا

roshani

بالکونی

mtaro

ٹیریس

kidimbwi

پول

mashine ya kukata nyasi

گھاس کاٹنےکی مشین

karatasi

چادر

kitambaa cha kupamba kitanda

چادر

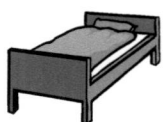

kitanda

بستر

ufagio

جھاڑو

ndoo

بالٹی

kubadili

سوئچ

sebuleni

لوونگ روم

mandhari
وال پیپر
picha
تصویر
taa
لیمپ
rafu
شیلف
kabati
الماری
televisheni/runinga
ٹیلی ویژن
mekoni
آتش دان
ua
پھول
mto
کُشن
sofa
صوفہ
chombo cha maua
گلدان
kitenzambali
ریموٹ کنٹرول

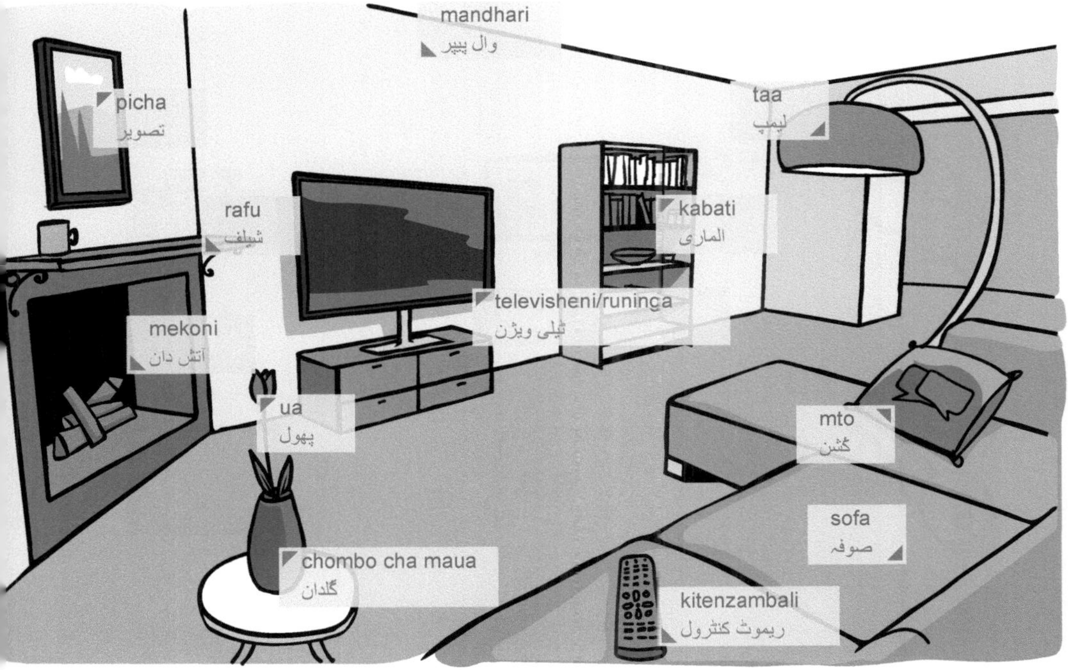

zulia

قالین

pazia

پردے

meza

میز

kiti

کُرسی

kiti cha bembea

ہلنے والی کُرسی

armchair

آرام کُرسی

kitabu

كتاب

blanketi

كمبل

mapambo

آرائش

kuni

جلانے كى لكڑى

filamu

فلم

kifaa cha hi-fi

ہائی فائی

ufunguo

چابی

gazeti

اخبار

uchoraji

پینٹنگ

bango

پوسٹر

redio

ریڈیو

daftari

نوٹ بُک

kifyonza

ویكيوم كلينر

dungusi kakati

كيكٹس

mshumaa

موم بتى

jikoni

باورچی خانہ

jokofu
فرج
kikanza
مائیکروویواوون
wadogo jikoni
کچن اسکیل
kibaniko
ٹوسٹر
sabuni
کپڑےدھونےکا پاؤڈر
stovu
چولہا
friza
فریزر
pipa la taka
کوڑےکی ٹوکری
mashine ya kuoshea vyombo
ڈش واشر

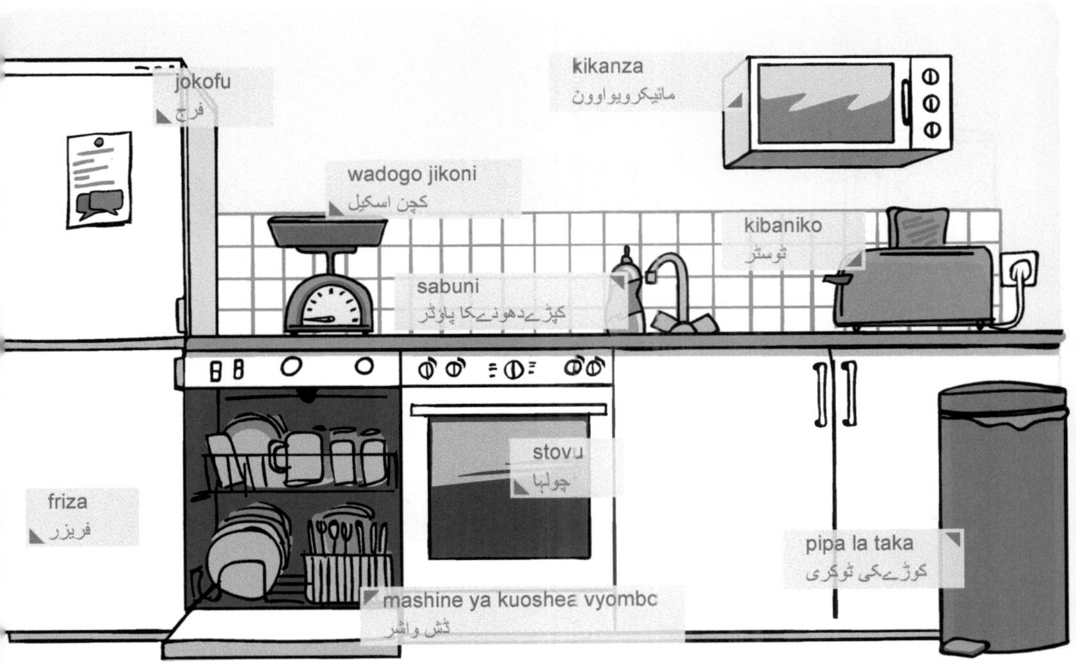

jiko la kupika

ککر

chungu

برتن

sufuria ya chuma

لوہےکا برتن

wok / kadai

کڑاہی

kaango

برتن

birika

کیتلی

stima

اسٹیمر

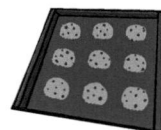

sinia ya kuoka

بیکنگ ٹرے

vyombo vya udongo

کراکری

kombe

مگ

bakuli

پیالہ

vijiti vya kulia

چاپ اسٹکس

ukawa

ڈوئی

mwiko mpana

کفچہ

burashi

جھاڑودینا

kichujio

مقطر

chujio

چھلنی

mbuzi

گریٹر

chokaa

کونڈی

barbeque

باربی کیو

moto wazi

کھُلی آگ

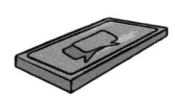

ubao wa majaribio

چاپنگ بورڈ

kijiti cha kusukuma unga

بيلن

kizibuo

کارک اسکریو

kopo

کین

inaweza kopo

کین اوپنر

kishikio cha chungu

برتن پکڑنےوالا کپڑا

karo

سنک

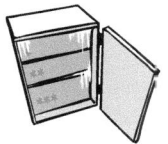

brashi

برش

sifongo

اسپونج

kisagaji matunda

بلینڈر

friji ya kina

ڈیپ فریز

chupa ya mtoto

بچےکی بوتل

bomba

ٹونٹی

bafu

غُسل خانہ

joto
mfereji wa kuogea
شاور
taulo
تولیہ
pazia la kuogea
شاورکرٹن
maji ya kuoga yenye povu
ببل باتھ
hodhi
باتھ ٹب
glasi
mashine ya kuosha
واشنگ مشین
bomba
ٹونٹی
vigae
ٹائلیں
poti
پاٹی
karo
سنک

choo

ٹائلٹ

choo cha squat

دوزانوں بیٹھنےوالی ٹائلٹ

beseni la mviringo

نچلاحصہ دھونےکیلئےپاٹ

choo cha umma

پیشاب گاہ

shashi

ٹائلٹ پیپر

brashi ya choo

ٹائلٹ برش

mswaki

ٹوتھ برش

dawa ya meno

ٹوتھ پیسٹ

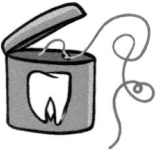

dawa ya meno

ڈینٹل فلاس

safisha

دھونا

kuoga mkono

ہینڈ شاور

msukumo wa maji

شاور

bonde

بیسن

mpako wa pili

بیک برش

sabuni

صابن

jeli ya kuogea

شاورجل

shampuu

شیمپو

flana

فلالین

toa maji

ڈرین

krimu

کریم

kiondoa harufu

ڈیوڈورنٹ

kioo

آئینہ

kioo mkono

ہاتھ میں پکڑا جانےوالا آئینہ

kinyozi

ریزر

povu la kunyoa

شیونگ فوم

baada ya kunyoa

آفٹر شیو

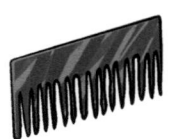

kichana

کنگھی

brashi

برش

kikausha nywele

ہیئر ڈرائر

marashi ya nyewele

ہیئر اسپرے

vipodozi

میک اپ

kidomwa

لپ اسٹک

varnish ya msumari

نیل وارنش

pamba

روئی

mkasi wa kucha

ناخن کاٹنےکی قینچی

manukato

پرفیوم

mkoba wa kuosha

واش بیگ

kinyesi

پاخانہ

mizani

وزن کرنےکی مشین

nguo ya kuoga

باتھ روب

glavu za mpira

ربڑ کے دستانے

kisodo

ٹیمپون

sodo

سینیٹری ٹاول

kemikali choo

کیمیکل ٹائلٹ

chumba ya mtoto

بچوں کا کمرہ

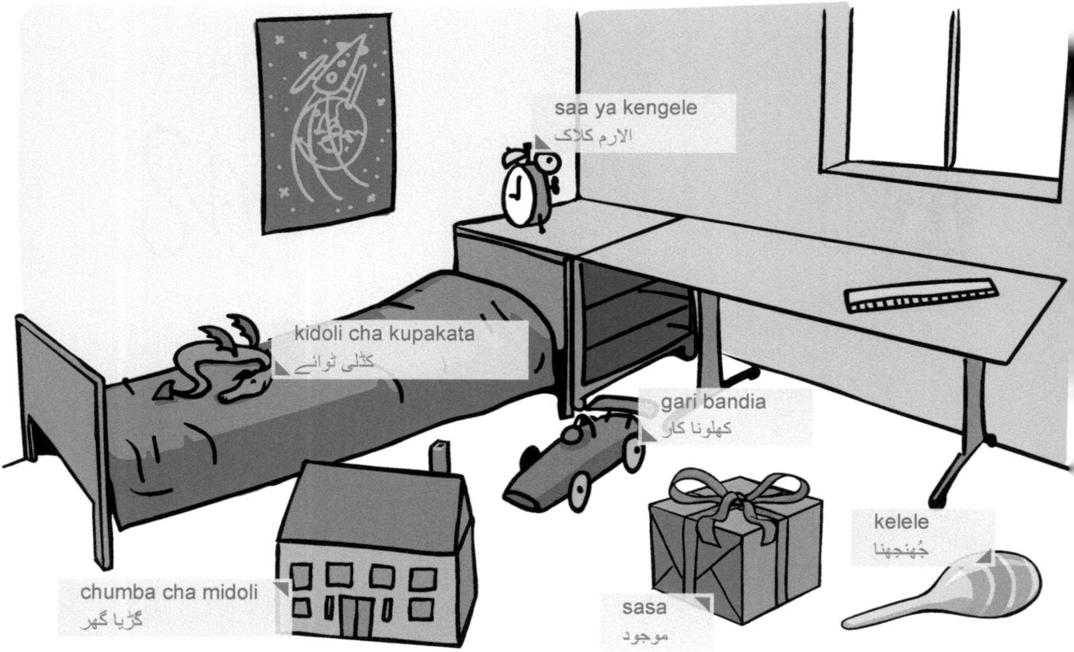

saa ya kengele
الارم کلاک
kidoli cha kupakata
کڈلی ٹوائے
gari bandia
کھلونا کار
kelele
جُھنجھنا
chumba cha midoli
گڑیا گھر
sasa
موجود

baluni

غبارہ

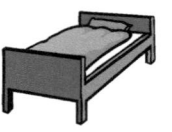

kitanda

بستر

mashua

پرام

staha ya kadi

ڈیک آف کارڈز

mchezo-fumb

جگسا

vichekesho

کامک

matofali lego
....
لیگوبرکس

vitalu mwigo
....
کھلونا بلاکس

hatua takwimu
....
ایکشن فگر

suti ya kulalia
....
بچےکا لباس

kisahani
....
فرسبی

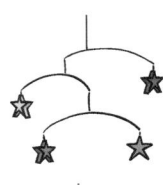

simu
....
کھلونا موبائل

ubao wa michezo
....
بورڈ گیم

kete
....
ڈائس

garimoshi mwigo
....
ماڈل ٹرین سیٹ

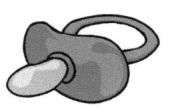

dummy
....
ڈمی

chama
....
پارٹی

picha kitabu
....
تصاویروالی کتاب

mpira
....
گیند

kikaragosi
....
گڑیا

kucheza
....
کھیلنا

shimo la mchanga

سینڈ پٹ

bembea

جھولا جھولنا

vitu bandia

کھلونے

kiweko cha video ya mchezo

وڈیوگیم کنسول

baiskeli ya magurudumu matatu

تین پہیوں والی سائیکل

mwanasesere

ٹیڈی بیئر

kabati

کپڑوں کی الماری

nguo

لباس

soksi

موزے

stokingi

اسٹاکنگز

kibano

ٹائٹس

skafu
اسکارف

mwavuli
چھتری

fulana
ٹی شرٹ

ukanda
بیلٹ

wakufunzi
اسنیکرز

viatu
بوٹ

ndara
سلیپر

malapa

سینڈل

viatu

جوتے

mabuti ya mpira

ربڑکےبوٹس

suruali ya ndani

زیرجامہ

sidiria

بریزئیر

fulana

واسکٹ

mwili

جسم

suruali

پتلون

dangirizi

جینز

sketi

اسکرٹ

blauzi

بلاؤز

shati

قمیض

vuta

پُل اوور

sweta

سویٹر

bleza

بلیزر

jaketi

جیکٹ

koti

کوٹ

koti la mvua

رین کوٹ

maleba

کوئی خاص لباس

gauni

لباس

mavazi ya harusi

شادی کا لباس

suti

سوٹ

vazi la usiku

نائٹ گاؤن

pajama

پائجامہ

sari

ساڑھی

skafu

سرپرلیا جانےوالا اسکارف

kilemba

پگڑی

burka

بُرقع

kaftan

کفتان

abaya

عبایہ

vazi la kuogelea

تیراکی کا سوٹ

vazi la kiume la kuoʒelea

ٹرنک

kaptura

نیکر

teitei

ٹریک سوٹ

aproni

اپرن

glavu

دستانے

kifungo

بٹن

glasi

عینک

bangili

کنگن

mkufu

ہار

pete

انگوٹھی

herini

کانوں کی بالیاں

kofia

ٹوپی

kiango cha koti

کوٹ ہینگر

kofia

ہیٹ

tai

ٹائی

zipu

زپ

kofia

ہیلمٹ

kanda za suruali

بریسز

sare za shule

سکول یونیفارم

sare

وردی

bibu

بب

dummy

ڈمی

nepi

نیپی

ofisi

دفتر

seva
سرور
kabati la kuweka faili
فائلوں کی الماری
kichapishaji
پرنٹر
karatasi
کاغذ
kiwambo
مانیٹر
kipanya
ماؤس
dawati
میز
folda
فولڈر
kibodi
کی بورڈ
pu cha kuweka karatasi chafu
ویسٹ پیپر با
kiti
کُرسی
kompyuta
کمپیوٹر

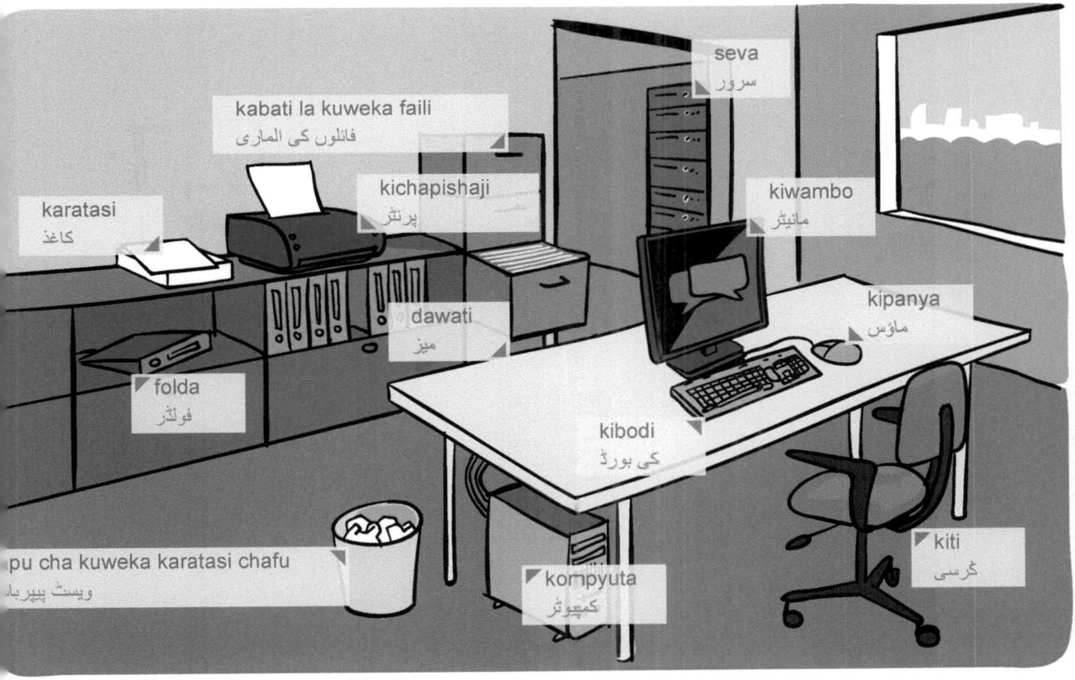

kmobe la kahawa

کافی مگ

kikokotoo

کیلکولیٹر

biashara

انٹرنیٹ

mbali

لیپ ٹاپ

barua

خط

ujumbe

پیغام

rununu

موبائل

intaneti

نیٹ ورک

fotokopia

فوٹوکاپئیر

programu

سافٹ ویئر

simu

ٹیلی فون

soketi

پلگ ساکٹ

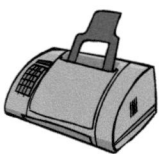

kipepesi

فیکس مشین

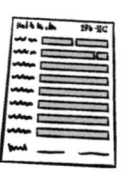

fomu

فارم

hati

دستاویز

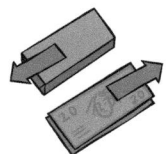

kununua

خریدنا

kulipa

ادائیگی کرنا

biashara

تجارت کرنا

fedha

رقم

dola

ڈالر

yuro

یورو

yeni

ین

rouble

روبل

faranga ya Uswisi

سوئس فرانک

renminbi yuan

رینمنیبی یوآن

rupia

روپیہ

eneo la kulipia

کیش پوائنٹ

ofisi ya ubadilishanaji

رقم تبدیل کرانے کیلئے دفتر

dhahabu

سونا

fedha

چاندی

mafuta

خام تیل

nishati

توانائی

bei

قیمت

mkataba

معاہدہ

kodi

ٹیکس

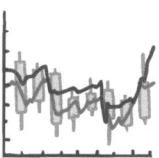

bidhaa

اسٹاک

kazi

کام کرنا

mfanyakazi

ملازم

mwajiri

آجر

kiwanda

فیکٹری

duka

دکان

kazi

پیشے

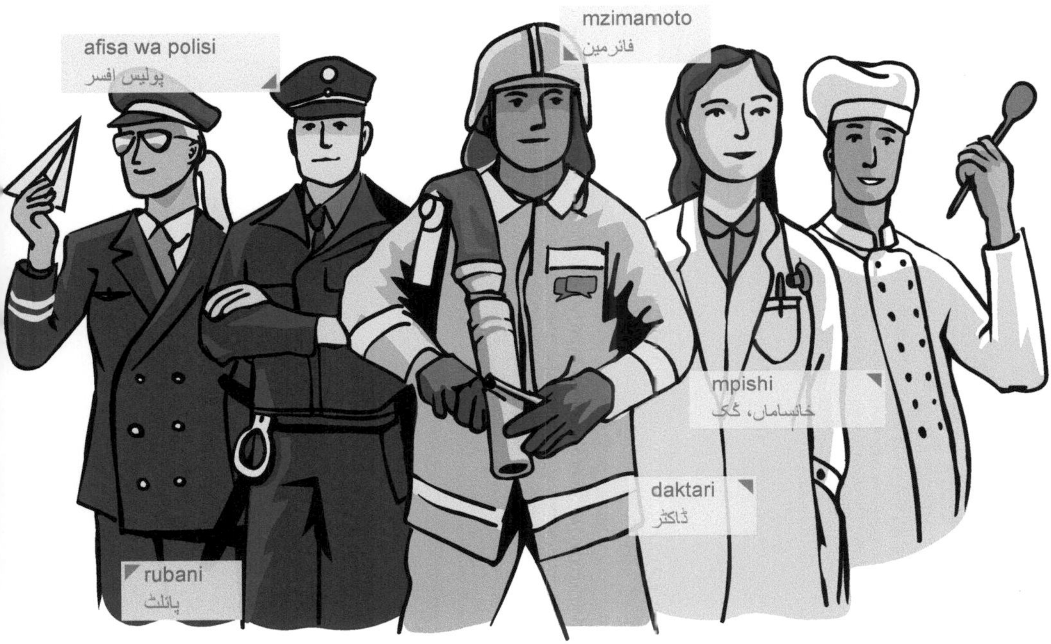

afisa wa polisi
پولیس افسر
mzimamoto
فائرمین
mpishi
خانساماں، کُک
daktari
ڈاکٹر
rubani
پائلٹ

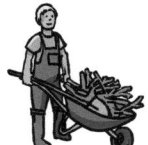

mtunza bustani

مالی

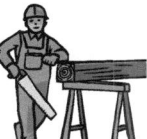

seremala

ترکھان

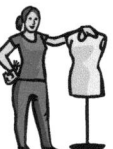

mshonaji

درزن

hakimu

جج

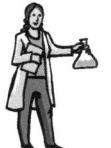

mwanakemia

کیمسٹ

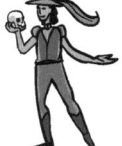

muigizaji

اداکار

dereva wa basi

بس ڈرائیور

dereva wa teksi

ٹیکسی ڈرائیور

mvuvi

مچھیرا

mwanamke wa kusafisha

صفائی کرنے والی عورت

mwezekaji

چھت بنانے والا

mhudumu

ویٹر

mwindaji

شکاری

mchoraji

پینٹر

mwokaji

بیکر

umeme

الیکٹریشین

mjenzi

بلڈر

mhandisi

انجینئیر

mchinjaji

قصائی

fundi bomba

پلمبر

mwanaposta

ڈاکیا

mwanajeshi

سپاہی

msanifu majengo

آرکیٹیکٹ

keshia

کیشئیر

muuza maua

پھول بیچنے والا

msusi

نائی

kondakta

کنڈکٹر

mekanika

مکینک

nahodha

کپتان

daktari wa meno

ڈینٹسٹ

mwanasayansi

سائنسدان

rabbi

یہودی عالم

imamu

امام

mtawa

راہب

kasisi

پادری

zana

اوزار

nyundo
ہتھوڑا
koleo
پلائرز
bisibisi
پیچ کس
spana
رینچ
kurunzi
ٹارچ

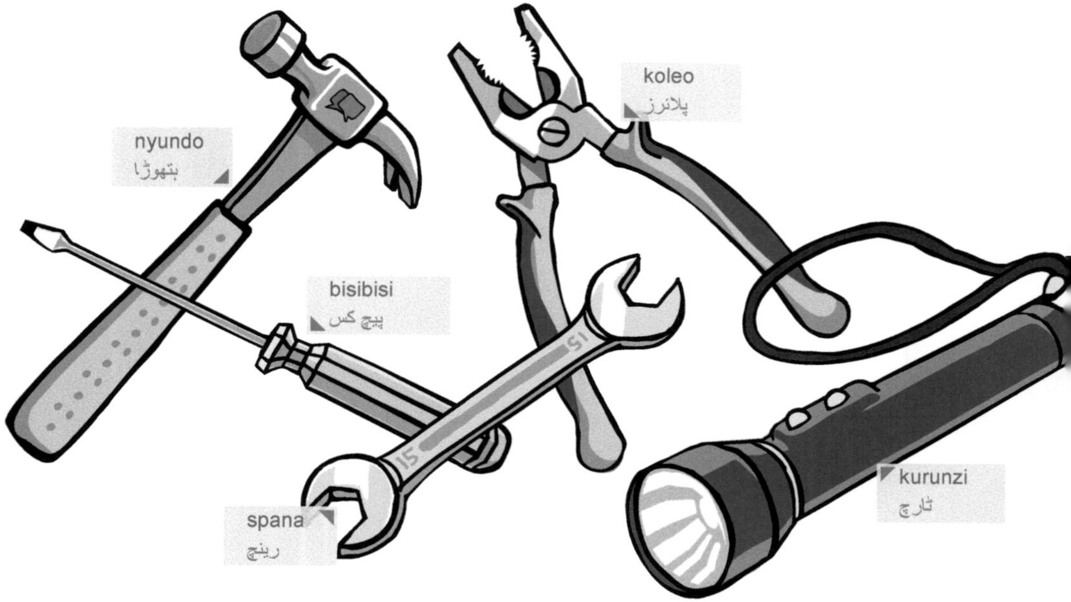

mchimbaji

ایکسکویٹر

sanduku la vifaa

ٹول باکس

ngazi

سیڑھی

msumeno

آری

misumari

کیل

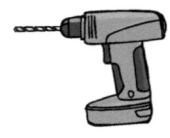

kuchimba visima

ڈرل

kukarabati

مرمت کرنا

sepetu

بیلچہ

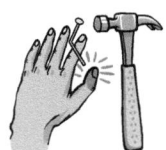

Lo!

لعنت ہو!

kishikio cha uchafu

ڈسٹ پین

chungu cha rangi

پینٹ پاٹ

skurubu

پیچ

ala za muziki

آلات موسیقی

spika
لاؤڈ اسپیکر
mpangilio wa ngoma
ڈرم سیٹ
gita
گٹار
besi mara mbili
ڈبل باس
tarumbeta
بگل

piano

پیانو

fidla

وائلن

ubeji

موسیقی کی آواز

timpani

ٹمپانی

ngoma

ڈھول، ڈرمز

kibodi

کی بورڈ

saksafoni

سیکسوفون

filimbi

بانسری

maikrofoni

مائیکروفون

bustani ya wanyama

چڑیا گھر

simbamarara
چیتا
ngome
پنجرہ
pundamilia
زیبرا
chakula cha mifugo
جانوروں کا چارہ
panda
پانڈا
lango la kuingia
داخلے کا راستہ

wanyama

جانور

tembo

ہاتھی

kangaruu

کینگرو

kifaru

گینڈا

sokwe

گوریلا

dubu

ریچھ

ngamia

اونٹ

mbuni

شُترمُرغ

simba

شیر

tumbili

بندر

heroe

فلیمنگو

kasuku

طوطا

dubu

قطبی ریچھ

penguini

کبوتر

papa

شارک

tausi

مور

nyoka

سانپ

mamba

مگرمچھ

mtunza wanyama

چڑیا گھر کا محافظ

muhuri

سیل

jaguar

امریکی تیندوا

mwanafarasi

ٹٹو

chui

چیتا

kiboko

دریائی گھوڑا

twiga

زرافہ

tai

عقاب

nguruwe mwitu

سؤر

samaki

مچھلی

kobe

کچھوا

sili

سمندری گھوڑا

mbweha

لومڑی

paa

غزال ہرن

michezo

کھیلیں

soka ya marekani
امریکن فٹ بال
uendeshaji baiskeli
سائیکلنگ
tenisi
ٹینس
mpira wa kikapu
باسکٹ بال
kuogelea
پیراکی
ndondi
باکسنگ
magongo ya barafuni
آئس ہاکی

soka

فٹ بال

vinyoya

بیڈمنٹن

riadha

اتھلیٹکس

mpira wa mikono

ہینڈ بال

skii

اسکیئنگ

polo

پولو

shughuli
سرگرمیاں

uruka
چھلانگ لگا
kumbatia
گلے لگانا
cheka
ہنسنا
kutembea
چلنا
kuimba
گانا
ota ndoto
خواب دیکھنا
kuomba
دُعا کرنا
busu
چُومنا

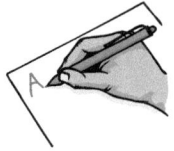

kuandika
لکھنا

kuteka
تصویر کشی کرنا

angalia
دکھانا

sukuma
آگے کی طرف دھکیلنا

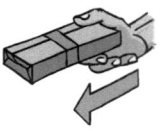

kutoa
دینا

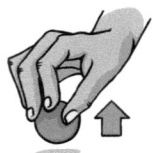

kuchukua
لینا

kuwa

رکھنا

fanya

کرنا

kuwa

ہونا

kusimama

کھڑا ہونا

kukimbia

دوڑنا

vuta

کھینچنا

kutupa

پھینکنا

kuanguka

گرنا

hadaa

جھوٹ بولنا

kusubiri

انتظار کرنا

kubeba

اٹھانا

kukaa

بیٹھنا

vaa nguo

ملبوس ہونا

usingizi

سونا

kuamka

جاگنا

kuangalia

دیکھنا

lia

رونا

kiharusi

چوٹ لگانا

chana nywele

کنگھی کرنا

ongea

بات کرنا

kuelewa

سمجھنا

kuuliza

پوچھنا

kusikiliza

مُتوجہ ہونا

kunywa

پینا

kula

کھانا

nadhifisha

صاف کرنا

upendo

پیارکرنا

mpishi

پکانا

gari

گاڑی چلانا

kuruka

اُڑنا

meli

بحری سفر کرنا

kokotoa

شمار کریں

kusoma

پڑھنا

kujifunza

سیکھنا

kazi

کام کرنا

kuoa

شادی کرنا

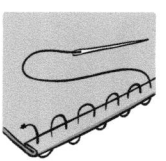

kushona

سینا

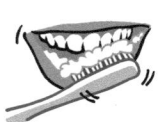

piga mswaki

دانت صاف کرنا

kuua

جان سے ماردینا

moshi

تمباکونوشی کرنا

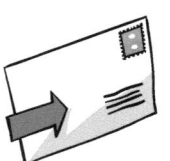

kutuma

بھیجنا

bibi
دادی
babu
دادا
baba
باپ
mama
ماں
mtoto
طفل
binti
بیٹی
bin
بیٹا

mgeni
مہمان

shangazi
چچی

mjomba
چچا

kaka
بھائی

dada
بہن

mwili

جسم

paji la uso
jicho
آنکھ
uso
چہرہ
kidevu
ٹھوڑی
matiti
چھاتی
kidole
اُنگلی
mkono
ہاتھ
mkono
بازو
bega
کندھا
mguu
ٹانگ

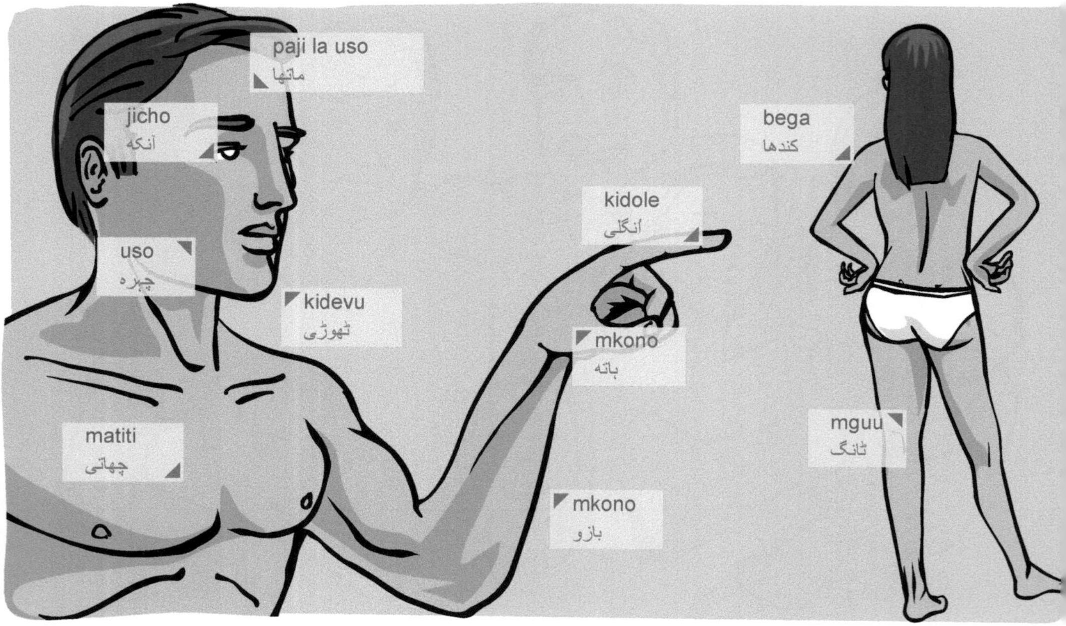

mtoto

طفل

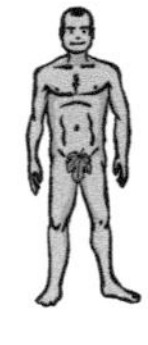

mwanamume

آدمی

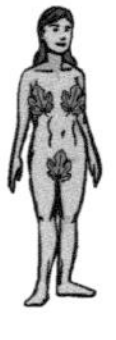

mwanamke

عورت

msichana

لڑکی

mvulana

لڑکا

kichwa

سر

nyuma

کمر

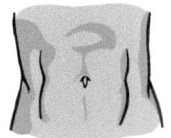

tumbo

پیٹ

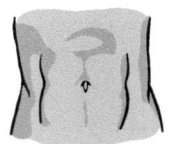

kitovu

ناف

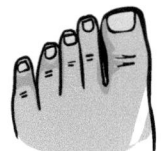

chano

پاؤں کا انگوٹھا

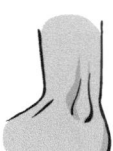

kisigino

ایڑھی

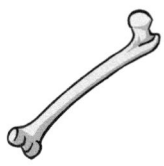

mfupa

ہڈی

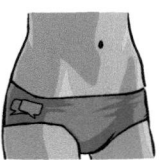

nyonga

کولہا

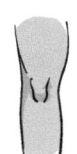

goti

گھٹنا

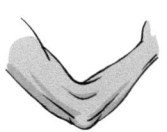

kiwiko

کہنی

pua

ناک

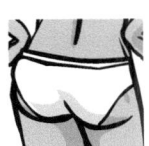

chini

نچلا حصہ

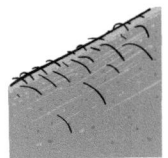

ngozi

جلد

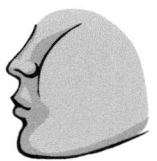

shavu

گال

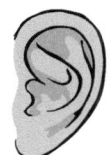

sikio

کان

mdomo

ہونٹ

kinywa

مُنہ

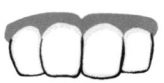

jino

دانت

ulimi

زُبان

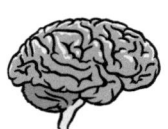

ubongo

دماغ

moyo

دل

misuli

پٹھہ

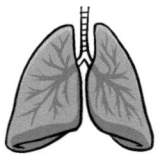

pafu

پھیپھڑا

ini

جگر

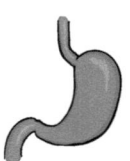

tumbo

معدہ

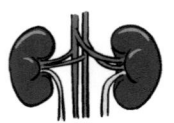

figo

گردے

jinsia

جنس

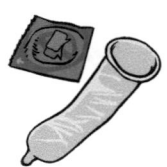

kondomu

کنڈوم

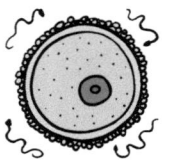

ovari

بیضہ

shahawa

مادہ منویہ

mimba

حمل

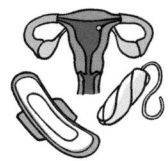

hedhi

حیض

uke

اندام نہانی

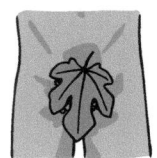

uume

عضوتناسل

unyusi

بھنویں

nywele

بال

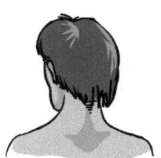

shingo

گردن

hospitali

ہسپتال

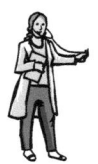

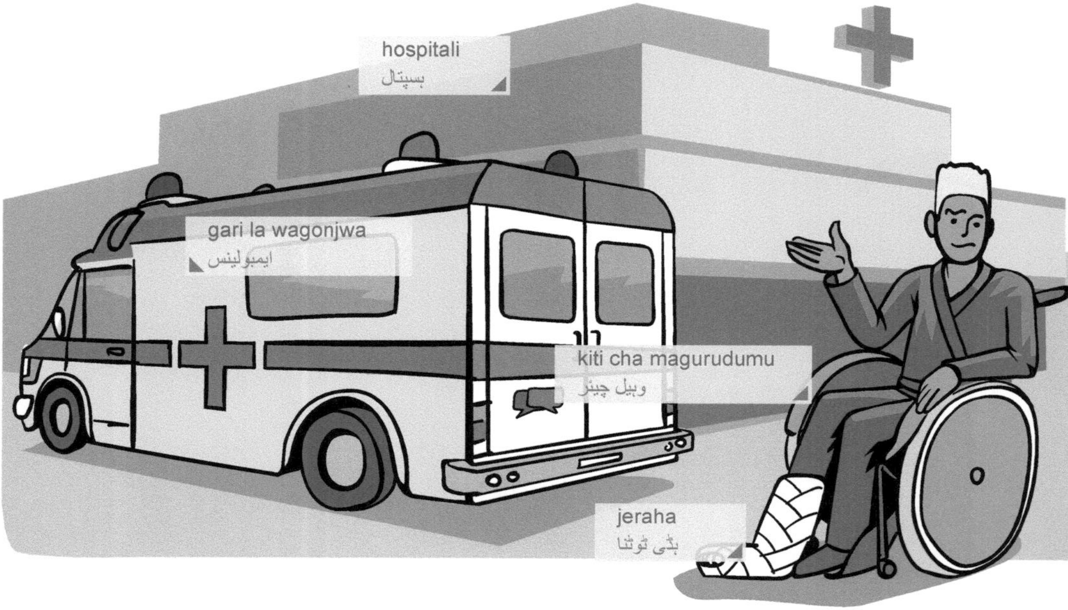

hospitali
ہسپتال
gari la wagonjwa
ایمبولینس
kiti cha magurudumu
وہیل چیئر
jeraha
ہڈی ٹوٹنا

daktari

ڈاکٹر

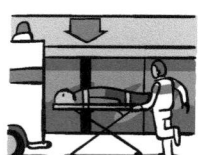

chumba cha dharura

ہنگامی کمرہ

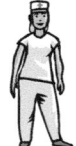

muuguzi

نرس

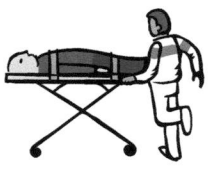

dharura

ہنگامی صورتحال

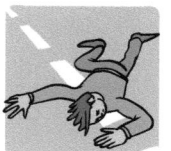

kupoteza fahamu

بےہوش

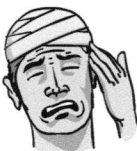

maumivu

درد

kuumia

زخم

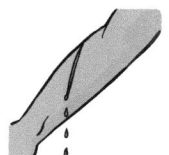

kutokwa na damu

خون بہنا

mshtuko wa moyo

دل کا دورہ

kiharusi

فالج

mzio

الرجی

kikohozi

کھانسی

homa

بخار

mafua

زکام

kuharisha

اسہال

maumivu ya kichwa

سردرد

kansa

کینسر

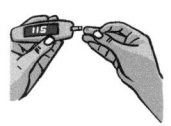

ugonjwa wa kisukari

ذیابیطس

daktari mpasuaji

سرجن

kisu kidogo cha kupasulia

نشتر

operesheni

آپریشن

picha changanufu ya mwili

سی ٹی

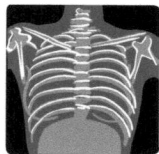

Eksrei

ایکس رے

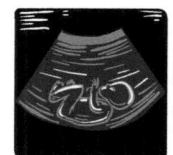

mawimbi sauti

الٹراساؤنڈ

barakoa ya uso

چہرے کا نقاب

ugonjwa

بیماری

chumba cha kusubiri

انتظارگاہ

mkongojo

بیساکھی

plasta

پلاسٹر

bendeji

پٹی

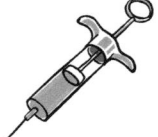

sindano

انجکشن

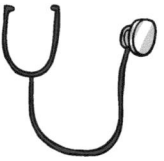

stetoskopu

اسٹیتھواسکوپ

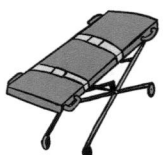

machela

اسٹریچر

kipimajoto cha kliniki

مطبی تھرما میٹر

kuzaliwa

پیدائش

unene kupita kiasi

حد سےزیادہ وزن

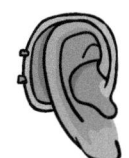

kusikia misaada

آلہ سماعت

kipukusi

جراثیم کش

maambukizi

انفیکشن

virusi

وائرس

VVU / UKIMWI

ایچ آئی وی/ ایڈز

dawa

دوا

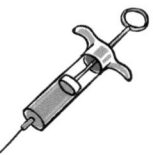

chanjo

ویکسی نیشن

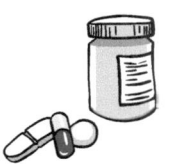

vidonge

گولیاں

kidonge

گولی

simu ya dharura

ہنگامی کال

haemodainamometa

بلڈ پریشرمانیٹر

mgonjwa / mwenye afya

بیمار / صحتمند

dharura
ہنگامی صورتحال

Msaada!

مدد!

kengele

الارم

pigo

مُجرمانہ حملہ

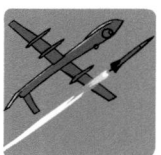

shambulizi

حملہ

hatari

خطرہ

lango la dharura

ہنگامی راستہ

Moto!

آگ!

kizima moto

آگ بُجھانےوالہ آلہ

ajali

حادثہ

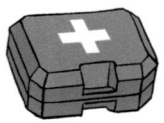

vifaa vya huduma ya kwanza

ابتدائی طبی امداد کی کٹ

wito wa msaada

ایس او ایس

polisi

پولیس

Ulaya

یورپ

Amerika ya Kaskazini

شمالی امریکہ

Amerika ya Kusini

جنوبی امریکہ

Afrika

افریقہ

Asia

ایشیا

Australia

آسٹریلیا

Atlantiki

بحر اوقیانوس

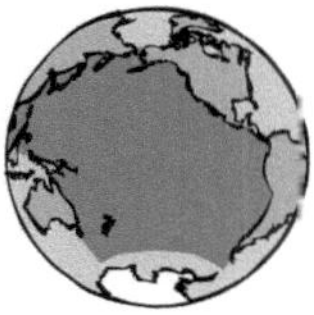

Pasifiki

بحر الکاہل

Bahari ya Hindi

بحر ہند

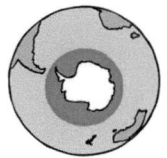

Bahari ya Antaktiki

بحر قُطب جنوبی

Bahari ya Aktiki

بحر قُطب شمالی

Ncha ya Kaskazini

قُطب شمالی

Ncha ya Kusini

قُطب جنوبی

Antaktika

انٹارکٹیکا

dunia

زمین

nchi

زمین

bahari

سمندر

kisiwa

جزیرہ

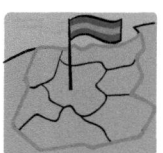

taifa

قوم

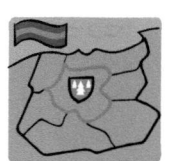

jimbo

ریاست

saa

کلاک

uso wa saa

کلاک کا سامنےکا حصہ

akrabu ya saa

گھنٹوں والی سوئی

akrabu ya dakika

منٹوں والی سوئی

akrabu ya sekunde

سیکنڈ ہینڈ

Ni saa ngapi?

کیا وقت ہوا ہے؟

siku

دن

wakati

وقت

sasa

اب

saa ya dijitali

ڈیجیٹل گھڑی

dakika

منٹ

saa

گھنٹہ

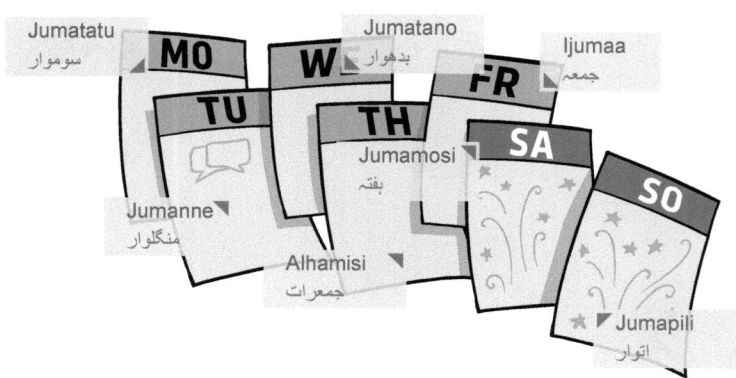

Jumatatu سوموار
Jumatano بدھوار
Ijumaa جمعہ
Jumamosi ہفتہ
Jumanne منگلوار
Alhamisi جمعرات
Jumapili اتوار

jana

گزرا کل

leo

آج

kesho

کل

asubuhi

صبح

saa sita mchana

دوپہر

jioni

شام

MO	TU	WE	TH	FR	SA	SU
1	2	3	4	5	6	7
8	9	10	11	12	13	14
15	16	17	18	19	20	21
22	23	24	25	26	27	28
29	30	31	1	2	3	4

siku za biashara

کاروباری دن

MO	TU	WE	TH	FR	SA	SU
1	2	3	4	5	6	7
8	9	10	11	12	13	14
15	16	17	18	19	20	21
22	23	24	25	26	27	28
29	30	31	1	2	3	4

mwishoni mwa wiki

ہفتے کا اختتام

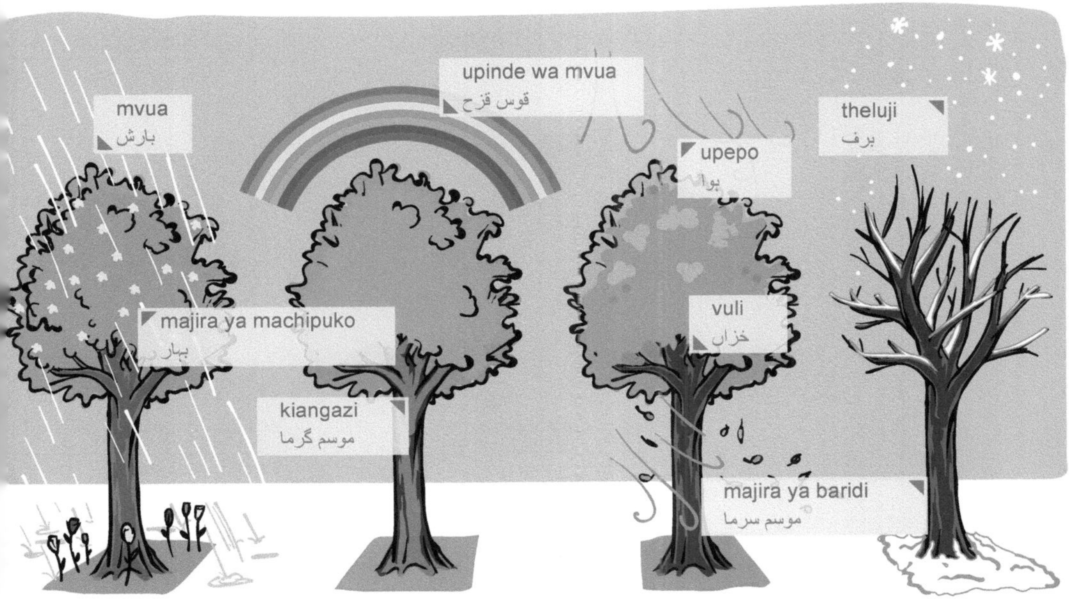

upinde wa mvua
قوس قزح
mvua
بارش
theluji
برف
upepo
ہوا
majira ya machipuko
بہار
vuli
خزاں
kiangazi
موسم گرما
majira ya baridi
موسم سرما

4.APRIL 11°
5.APRIL 4°
6.APRIL 13°
7.APRIL 8°
8.APRIL 10°

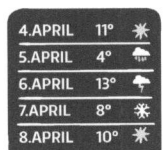

utabiri wa hali ya hewa

موسمی پیش گوئی

F C
120 40
90 30
60 20
30 10
0 0
-30 -10
-20

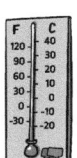

kipimajoto

تھرما میٹر

mwanga wa jua

دھوپ

wingu

بادل

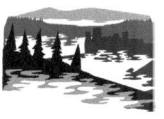

ukungu

دُھند

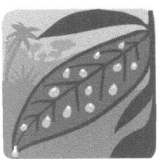

unyevu

حبس

umeme

بجلی کوندھنا

radi

بادلوں کی گرج

dhoruba

طوفان

mvua ya mawe

ژالہ باری

monsuni

مون سون

mafuriko

سیلاب

barafu

برف

Januari

جنوری

Februari

فروری

Machi

مارچ

Aprili

اپریل

Mei

مئی

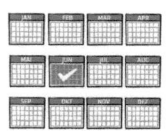

Juni

جون

Julai

جولائی

Agosti

اگست

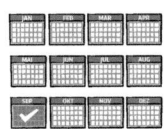

Septemba

ستمبر

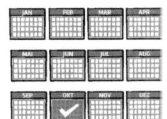

Oktoba

اکتوبر

Novemba

نومبر

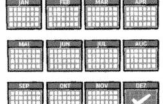

Desemba

دسمبر

maumbo

اشکال

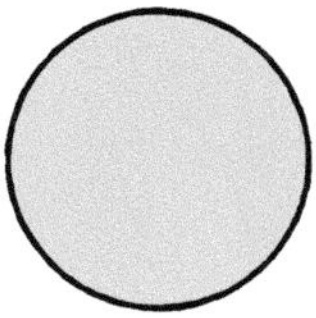

mduara

دائره

mraba

چوکور

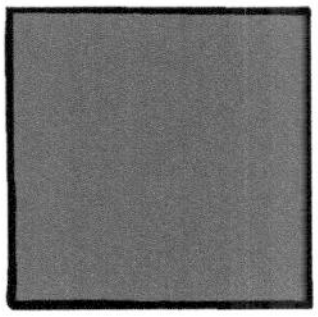

mstatili

مُستطیل

pembetatu

تکون

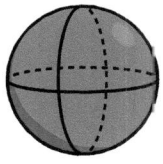

nyanja

کُره

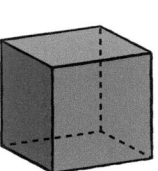

mchemraba

مکعب

rangi
رنگ

nyeupe

سفید

manjano

پیلا

chungwa

نارنجی

rangi ya waridi

گلابی

nyekundu

سُرخ

hudhurungi

جامنی

bluu

نیلا

kijani

سبز

hanja

بھورا

jivujivu

مٹیالا

nyeusi

سیاہ

mengi / kidogo

بہت زیادہ / بہت کم

hasira / pole

ناراض / پُرسکون

nzuri / mbaya

خوبصورت / بدصورت

mwanzo / mwisho

آغاز / اختتام

kubwa / ndogo

بڑا / چھوٹا

angavu / giza

روشن / اندھیرا

kaka / dada

بھائی / بہن

safi / chafu

صاف / گندا

kamilika / tokamilika

مکمل / نامکمل

siku / usiku

دن / رات

wafu / hai

زندہ / مُردہ

pana / nyembamba

چوڑا / تنگ

kulika / kutolika

کھانے کے قابل ہونا / کھانے کے قابل نہ ہونا

ovu / ema

بُرا / اچھا

sisimkwa / udhika

پُرجوش / بوریت کا شکار

nene / nyembamba

موٹا / دُبلا

kwanza / mwisho

پہلا / آخری

rafiki / adui

دوست / دُشمن

jaa / tupu

بھرا ہوا / خالی

ngumu / laini

سخت / نرم

nzito / nyepesi

بوجھل / ہلکا

njaa / kiu

بھوک / پیاس

mgonjwa / mwenye afya

بیمار / صحتمند

haramu / kisheria

غیرقانونی / قانونی

akili / kijinga

عقلمند / بیوقوف

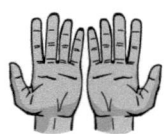

kushoto / kulia

بائیں / دائیں

karibu / mbali

نزدیک / دور

mpya / kutumika

نیا / پُرانا

kitu / jambo

کچه نہیں / کچه ہے

zee / changa

بوڑھا / نوجوان

waka / zima

آن / آف

wazi / fungwa

کُھلا / بند

utulivu / kelele

خاموش / بُلند آواز

tajiri / masikini

امیر / غریب

sahihi / kosa

ٹھیک / غلط

mbaya / laini

کھُردرا / ہموار

huzunika / furahia

افسردہ / خوش

fupi /ndefu

مُختصر / طویل

polepole / haraka

آہستہ / تیز

nyevu / kavu

گیلا / خُشک

joto / baridi

گرم / ٹھنڈا

vita / amani

جنگ / امن

nambari

اعداد

0

sufuri

صفر

1

moja

ایک

2

mbili

دو

3

tatu

تین

4

nne

چار

5

tano

پانچ

6

sita

چھ

7

saba

سات

8

nane

آٹھ

9

tisa

نو

10

kumi

دس

11

kumi na moja

گیارہ

12

kumi na mbili

باره

13

kumi na tatu

تیره

14

kumi na nne

چوده

15

kumi na tano

پندره

16

kumi na sita

سولہ

17

kumi na saba

ستره

18

kumi na nane

اٹھاره

19

kumi na tisa

انیس

20

ishirini

بیس

100

mia

سو

1.000

elfu

ہزار

1.000.000

milioni

دس لاکھ

lugha

زبانیں

Kiingereza
....
انگریزی

Kiingereza cha Marekani
....
امریکی انگریزی

Kimandarini cha Uchina
....
چینی مینڈارین

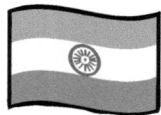

Kihindi
....
ہندی

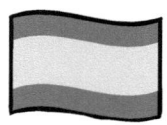

Kihispania
....
ہسپانوی

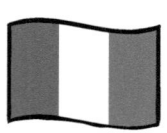

Kifaransa
....
فرانسیسی

Kiarabu
....
عربی

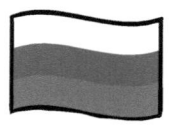

Kirusi
....
روسی

Kireno
....
پُرتگالی

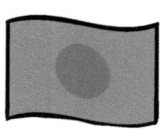

Kibengali
....
بنگالی

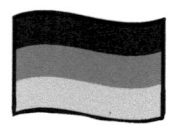

Kijerumani
....
جرمن

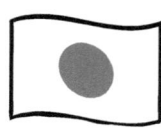

Kijapani
....
جاپانی

ambao / nini / jinsi

کون / کیا / کیسے

mimi

میں

wewe

تم

yeye / yeye / ni

وہ (لڑکا) / وہ (لڑکی) / یہ

sisi

ہم

wewe

تم

wao

وہ

nani?

کون؟

nini?

کیا؟

jinsi gani?

کیسے؟

wapi?

کہاں؟

lini?

کب؟

jina

نام

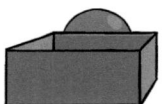

wapi

کہاں

nyuma

پیچھے

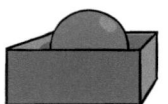

katika

میں

mbele ya

کے سامنے

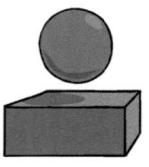

juu ya

اوپر

kwenye

پر

chini ya

نیچے

kando

ساتھ

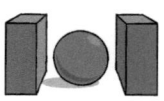

kati

درمیان

mahali

جگہ